brood	eenhoorn

रोटी	एक तंगावाला

tien	boek

दस	किताब

haai

शार्क

zwemmen

तैराकी

omhelzing

झप्पीं

man

आदमी

vader	springen

पिता	छलांग

vallen	mier

गिरना	चींटी

meisje	oranje

लड़की	नारंगी

dierentuin	egel

चिड़ियाघर	कांटेदार जंगली चूहा

ei

अंडा

RAM

राम

De zon

रवि

maan

चांद

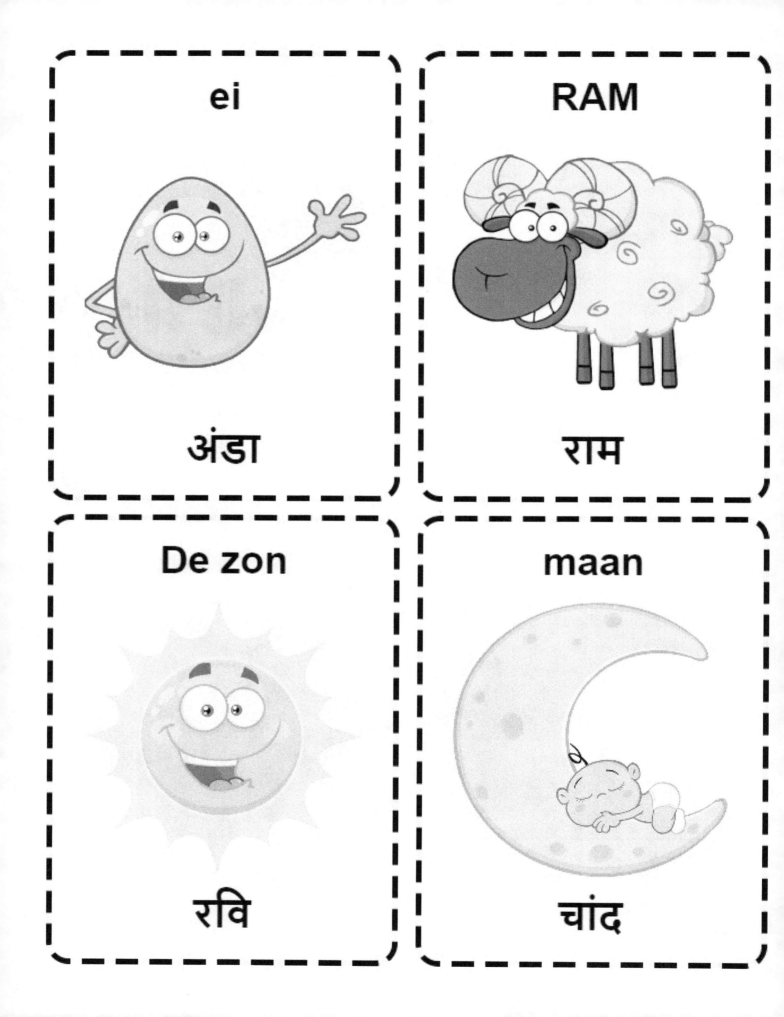

been

टांग

schoen

जूता

baby

बच्चा

ballon

गुब्बारे

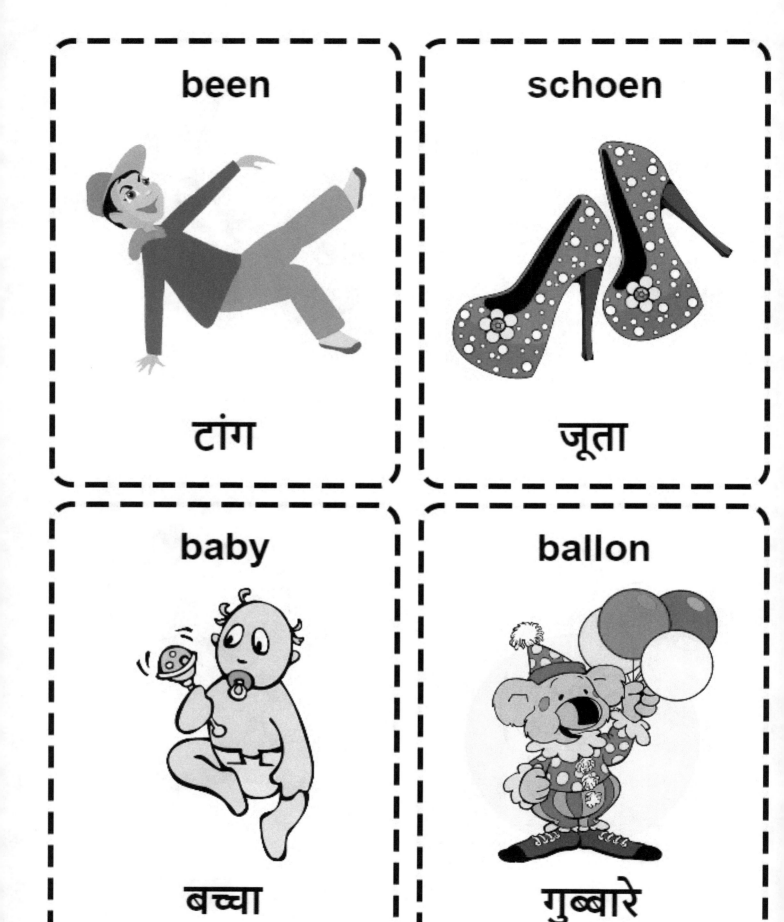

kikker  मेढक	**een**  एक
kinderen  बच्चे	**vriend**  मित्र

nul

शून्य

deur-

द्वार

Jet

जेट

ziek

बीमार

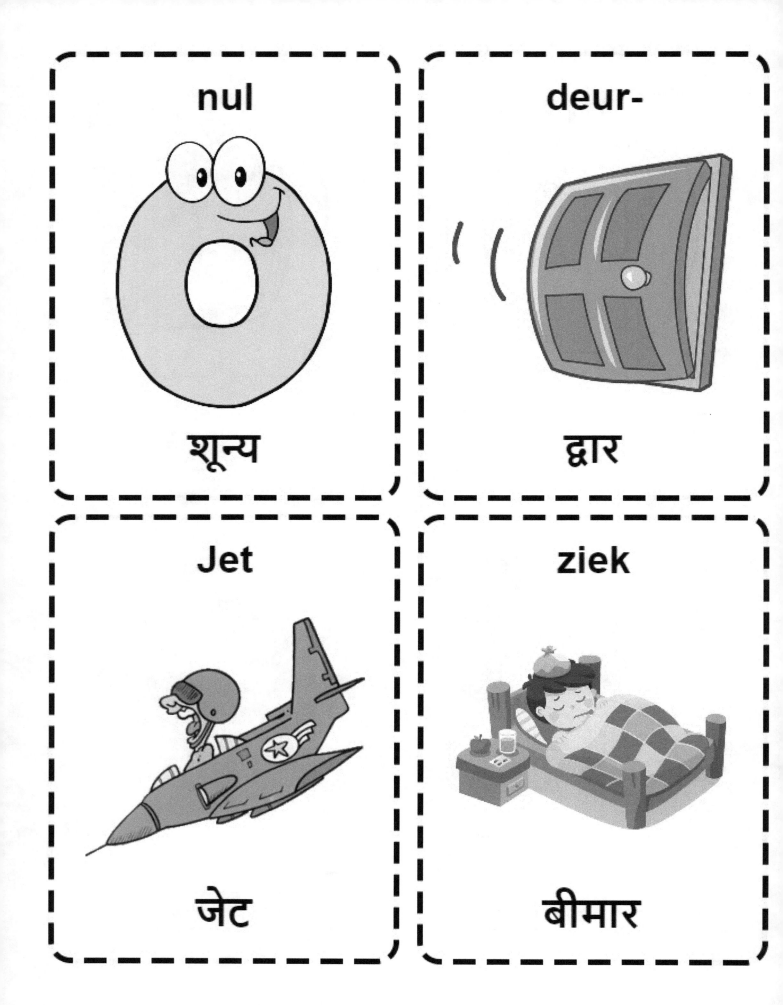

winnen	bloem

जीत	फूल

tijger	broer

बाघ	भाई

banaan  केला	**watermeloen**  तरबूज
nacht  रात	**bed**  बिस्तर

TOOTHPASTE

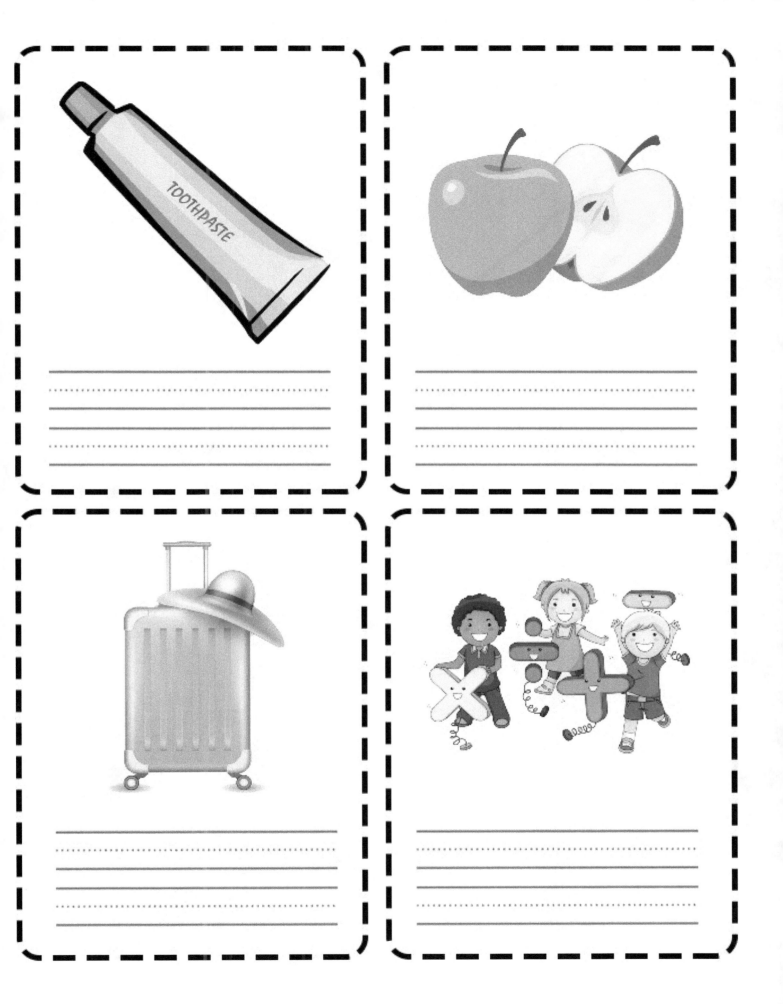

tandpasta  टूथपेस्ट	**appel**  सेब
koffer  सूटकेस	**wiskunde**  गणित

stoel  कुरसी	**eend**  बत्तख
geneeskunde  दवा	**huilen**  रोना

speelplaats

खेल का मैदान

schoon

स्वच्छ

walvis

असमान बात

koken

खाना बनाना

hert

हिरन

vijf

पंज

vis

मछली

geit

बकरा

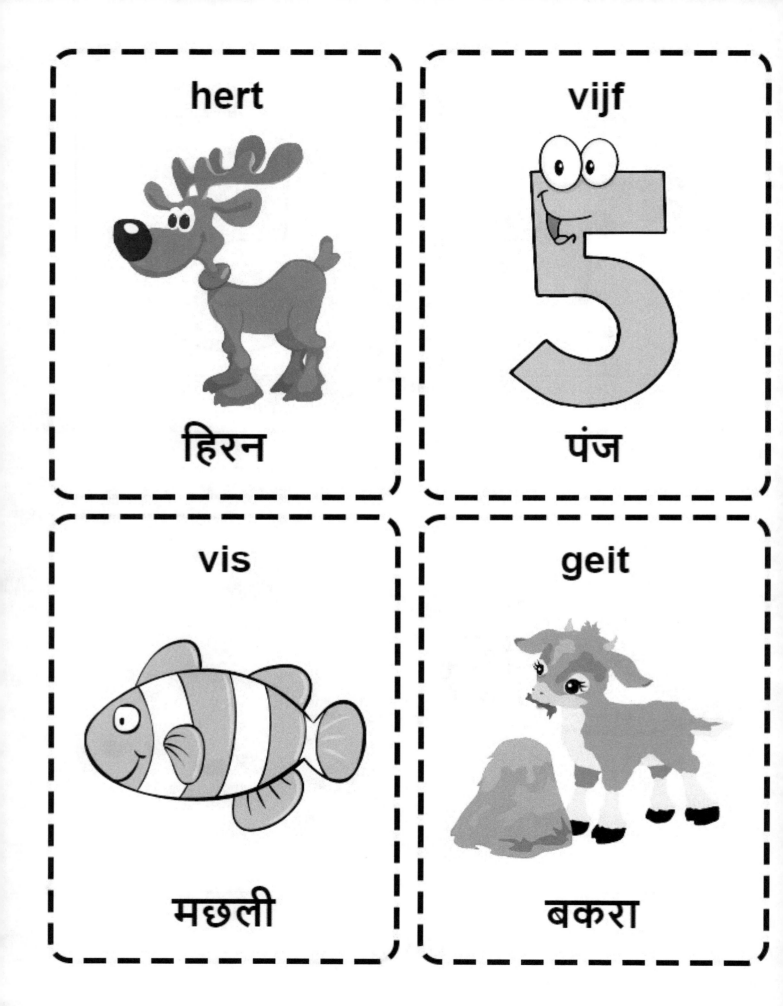

piano

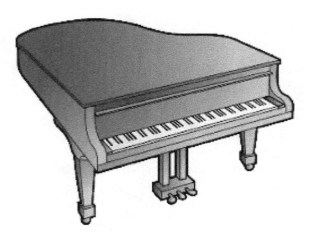

पियानो

toilet

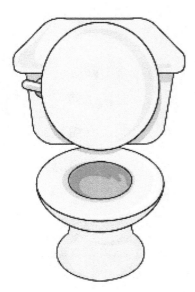

शौचालय

klok

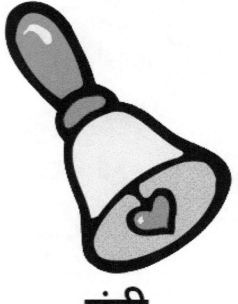

घंटी

vulkaan

ज्वर भाता

vlag

झंडा

huis

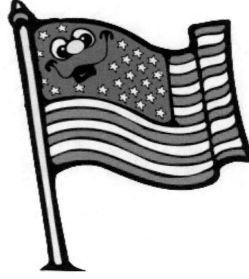

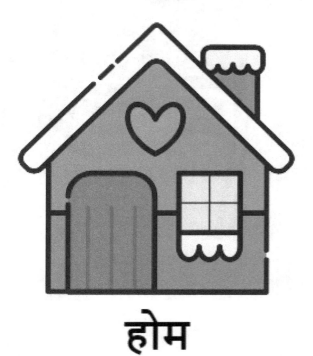

होम

Vogelnest

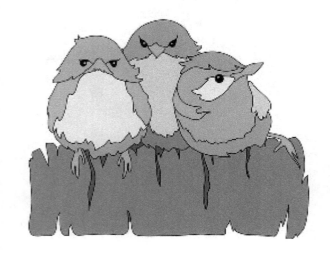

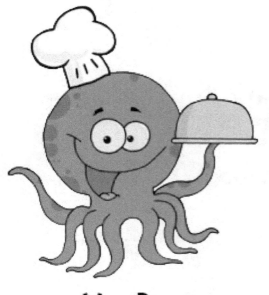

चिड़िया का घोंसला

Octopus

ऑक्टोपस

voet

पैर

regen

बारिश

jak

याक

doos

डिब्बा

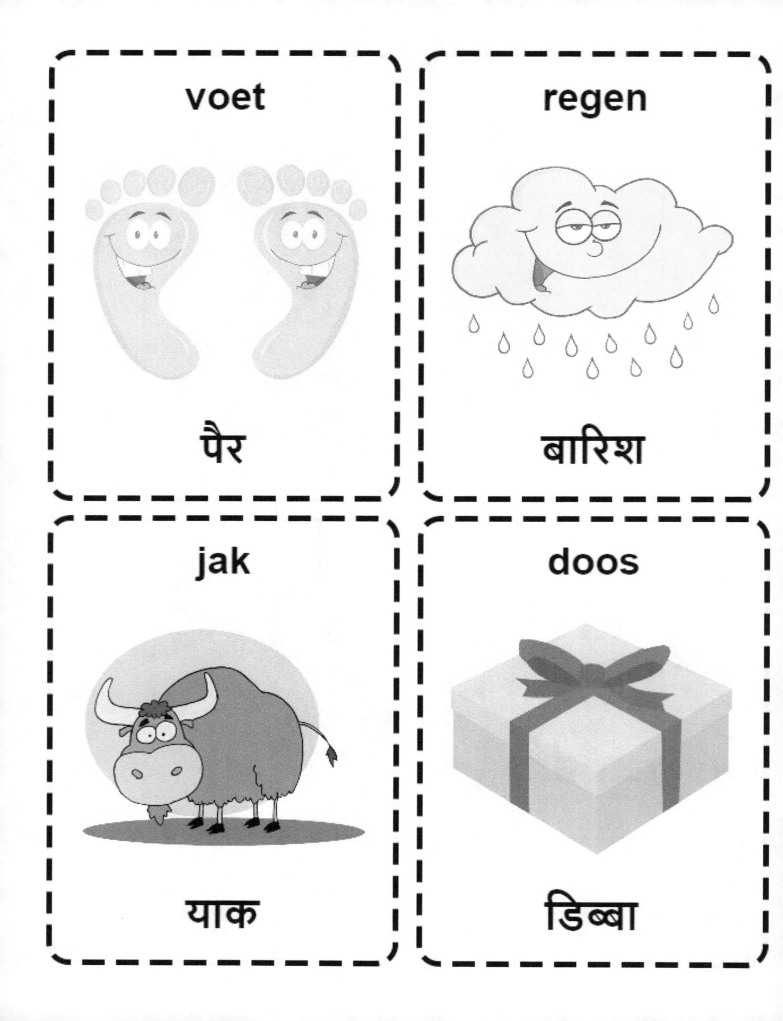

tekening

चित्रकारी

basketbal

बेसबॉल

aap

बंदर

brand

आग

vier

चार

papier

कागज़

zeven

सात

geweer

बंदूक

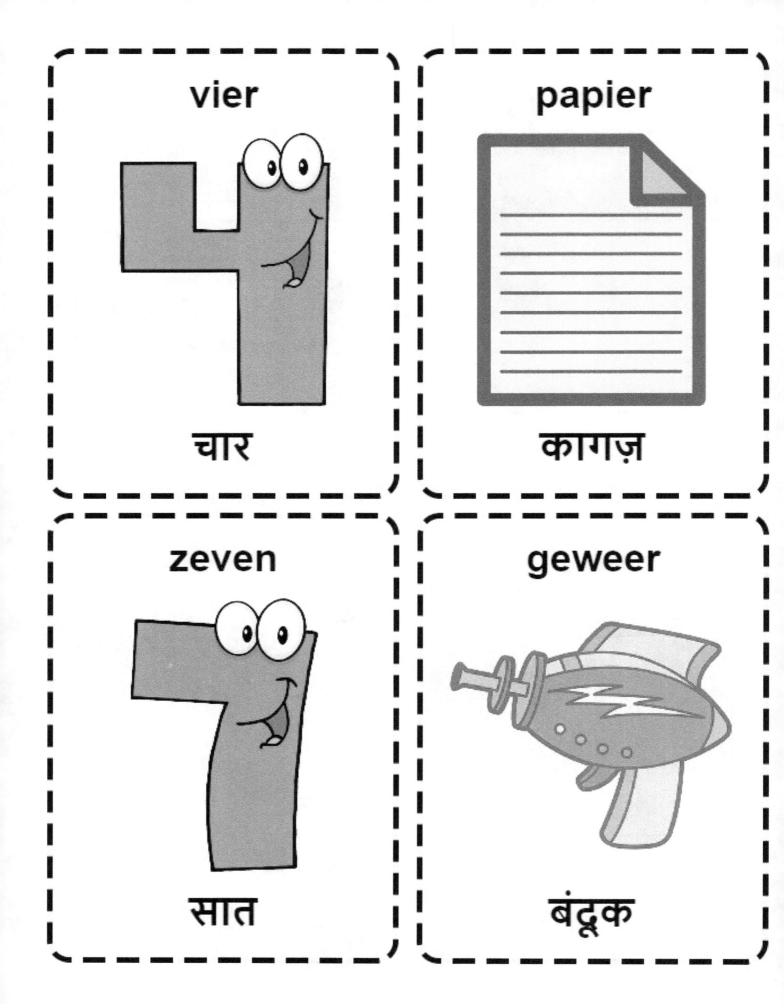

strijken  इस्त्री	**lach**  हसना
schapen  भेड़	**lieveheersbeestje**  एक प्रकार का गुबरैला

SCHOOL

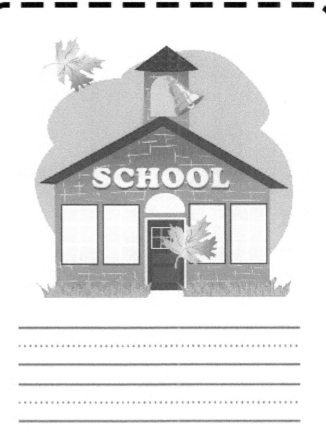

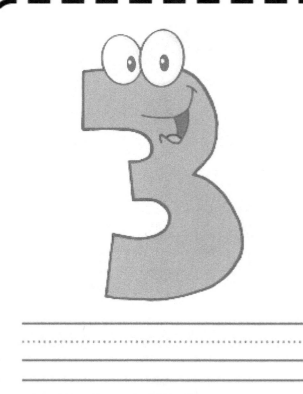

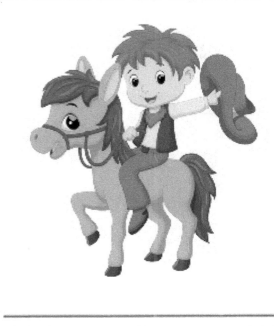

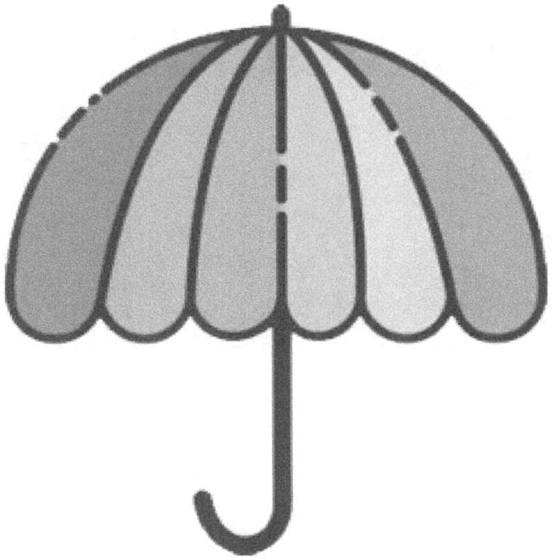

school-  स्कूल	drie  तीन
paardrijden  सवारी	paraplu  छाता

vogel  चिड़िया	**bot**  हड्डी
gelukkig  खुश	**huiswerk**  घर का पाठ

trein  रेल गाडी	**aardbei**  स्ट्रॉबेरी
poppen  गुड़िया	**bal** 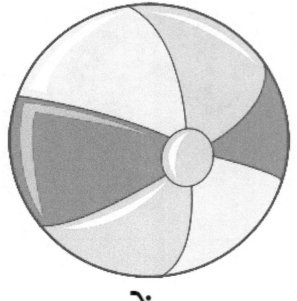 गेंद

boot नाव	**Peer** नाशपाती
kip मुर्गी	**sokken** मोज़े

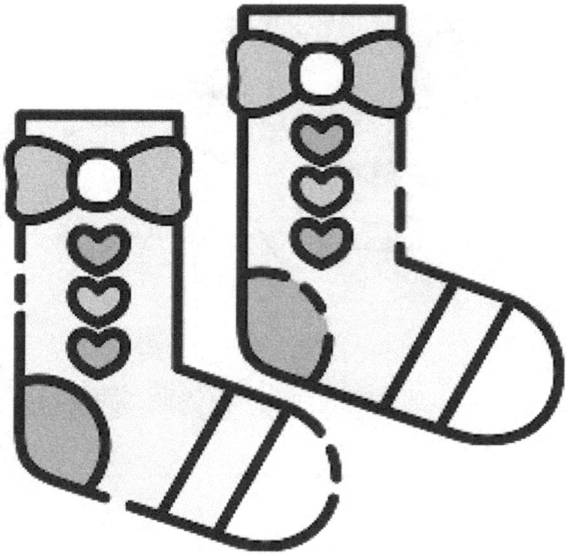

Yogurt

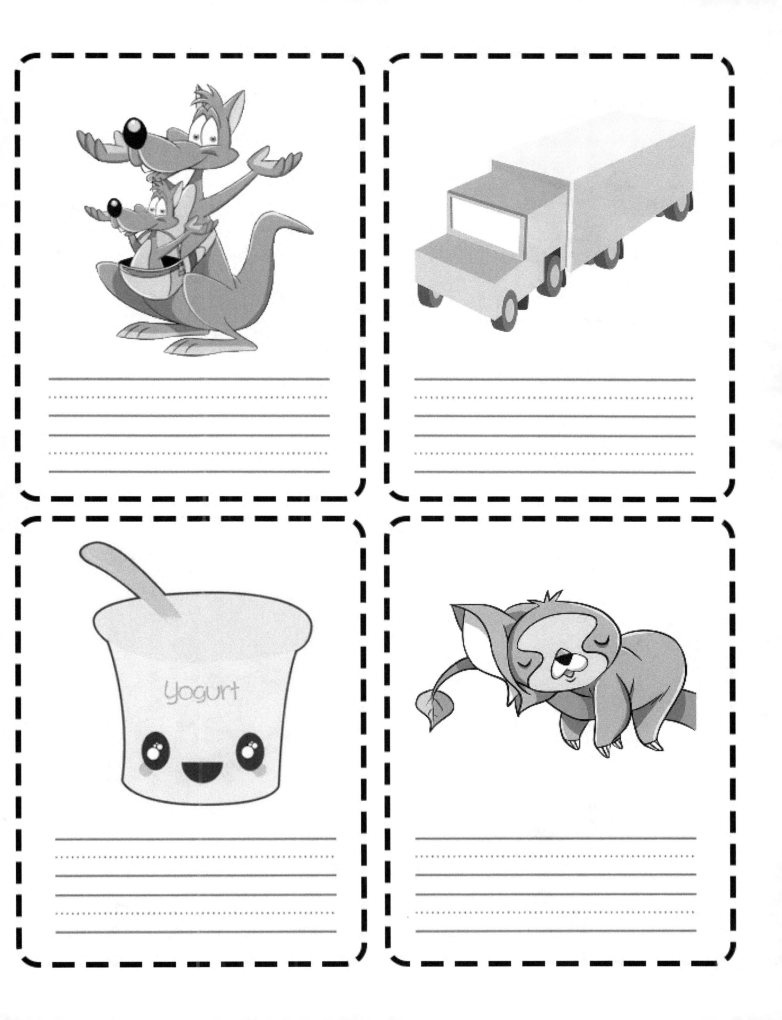

kangoeroe  कंगेरू	**vrachtauto**  ट्रक
yoghurt  दही	**slapen**  सोया हुआ

kokosnoot	boom

नारियल	पेड़
speelgoed-	drinken

खिलौना	पेय

eekhoorn  गिलहरी	**ontbijt**  सुबह का नाश्ता
doctor  चिकित्सक	**presenteert**  पेश करता है

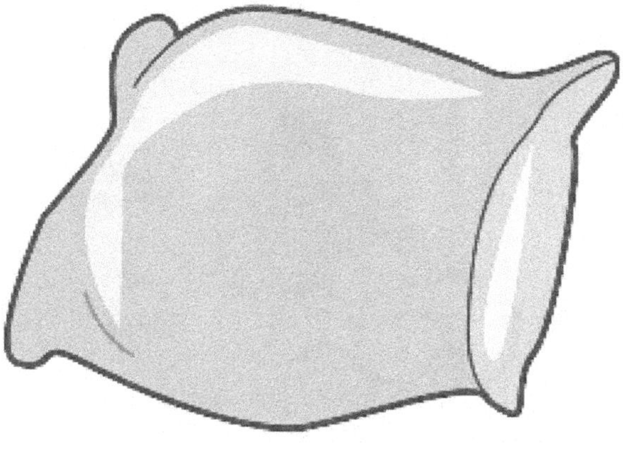

kam  कंघी	**negen**  नौ
ijsje  आइसक्रीम	**hoofdkussen** 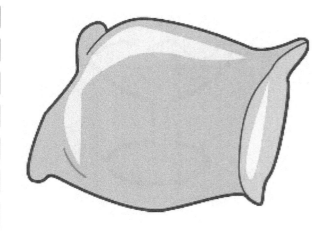 तकिया

vaas  फूलदान	koe  गाय
venster  खिड़की	zak  बैग

auto

गाड़ी

hand-

हाथ

gift

उपहार

zus

बहन

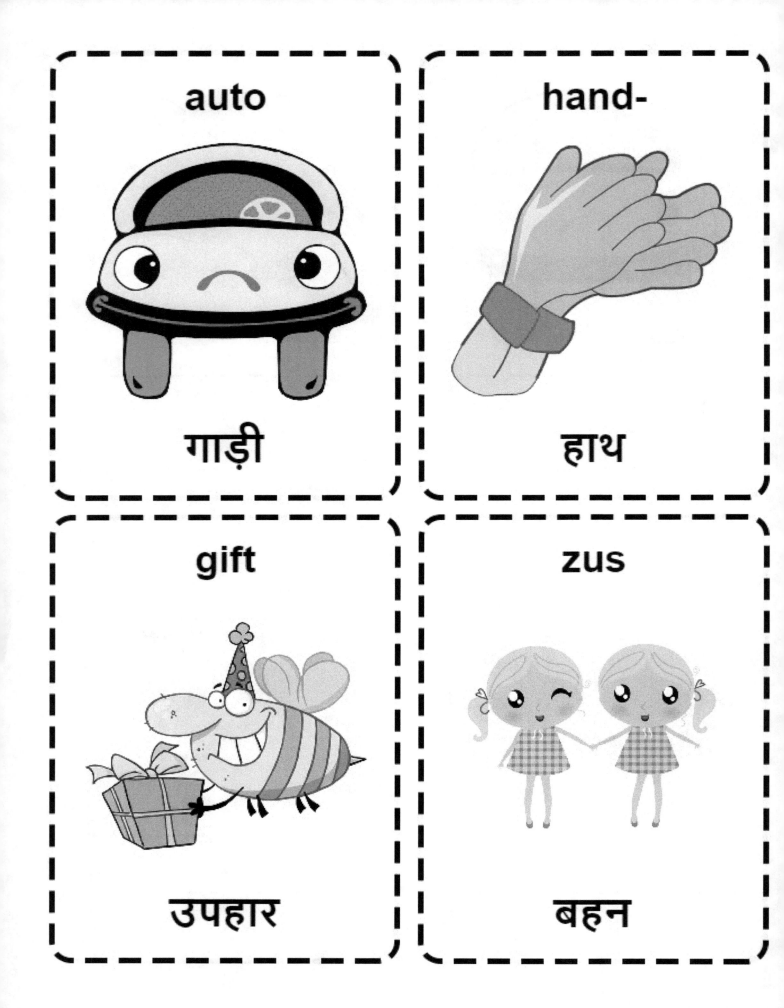

varken

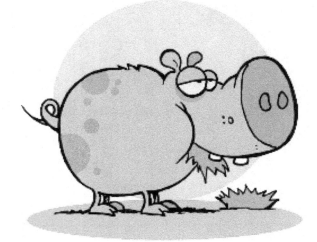

सूअर

konijn

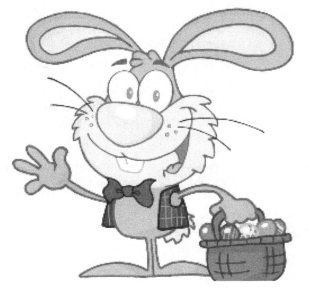

खरगोश

durian

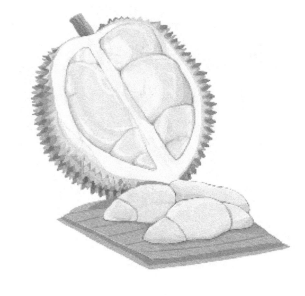

durian

haarlijn

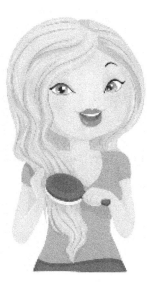

बाल

sneeuw

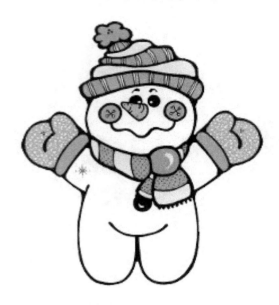

हिमपात

citroen

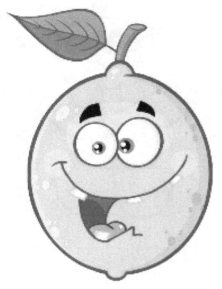

नींबू

haan

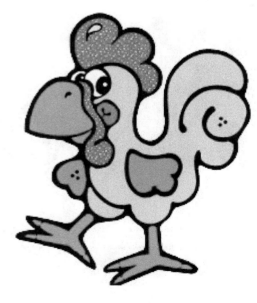

मुरग़ा

lopen

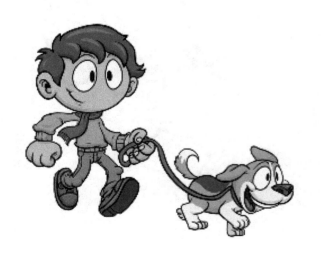

टहल लो

1+1=2
2+2=4

50%

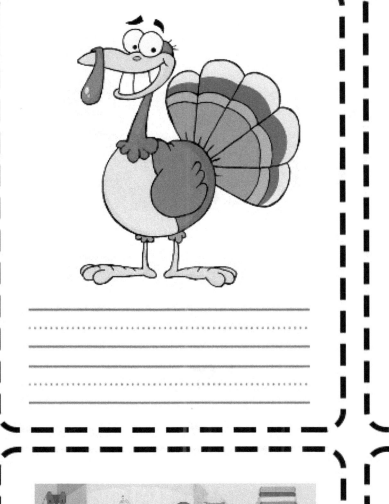

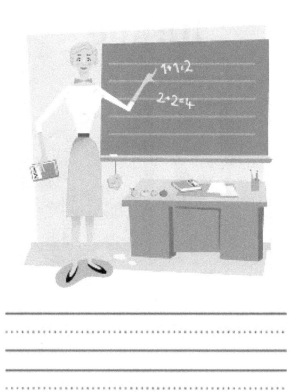

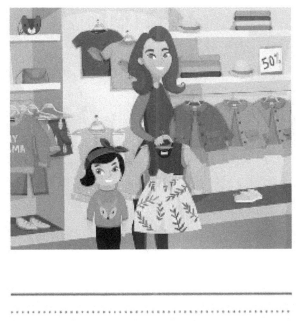

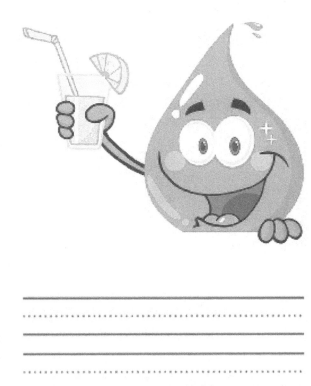

Turkije  तुर्की	**onderwijzen**  सिखाना
boodschappen doen  खरीदारी	**water**  पानी

het zingen  गायन	**busje**  वैन
hond  कुत्ता	**rits**  ज़िपर

cake

केक

maïs

मक्का

verjaardag

जन्मदिन

paard

घोड़ा

ZZZZ

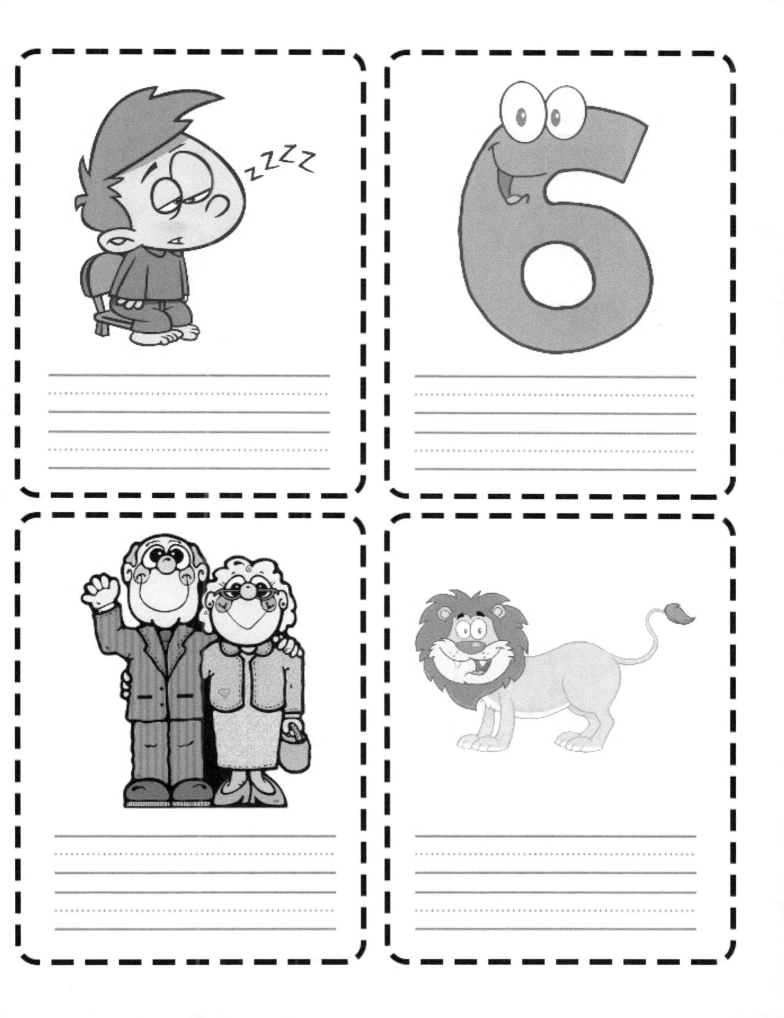

slaperig  निद्रालु	**zes**  छह
Vaarwel  अलविदा	**leeuw**  शेर

LOOK!

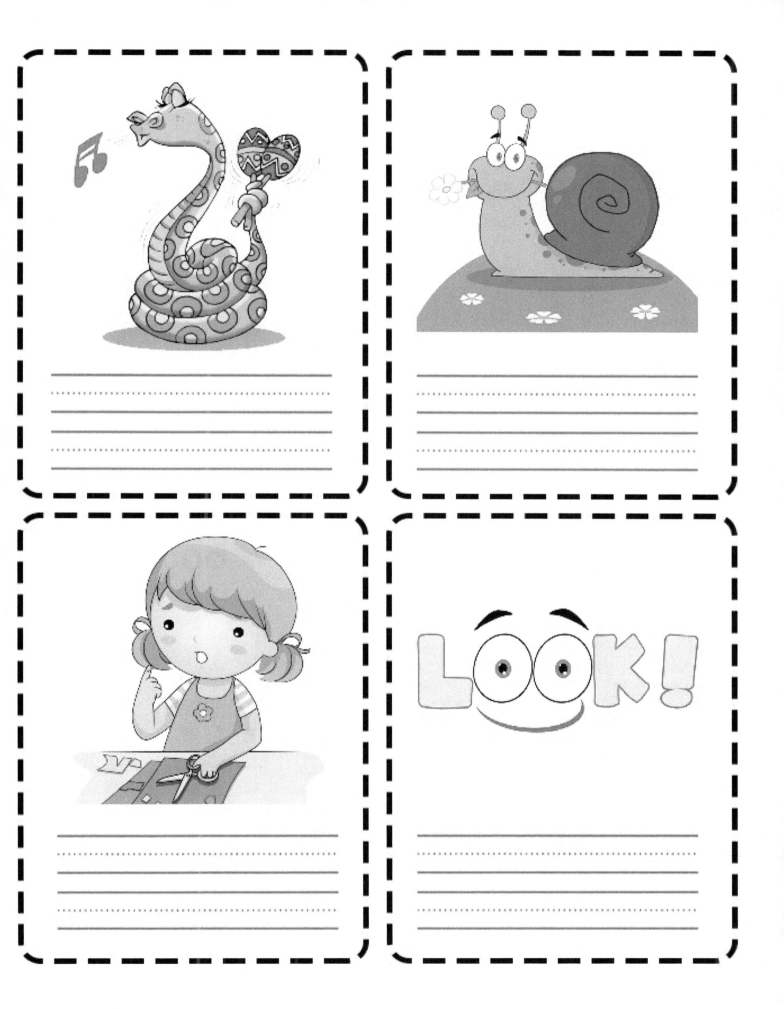

slang	slak
साँप	घोंघा
pijn doen	oog
चोट	आंख

MILK

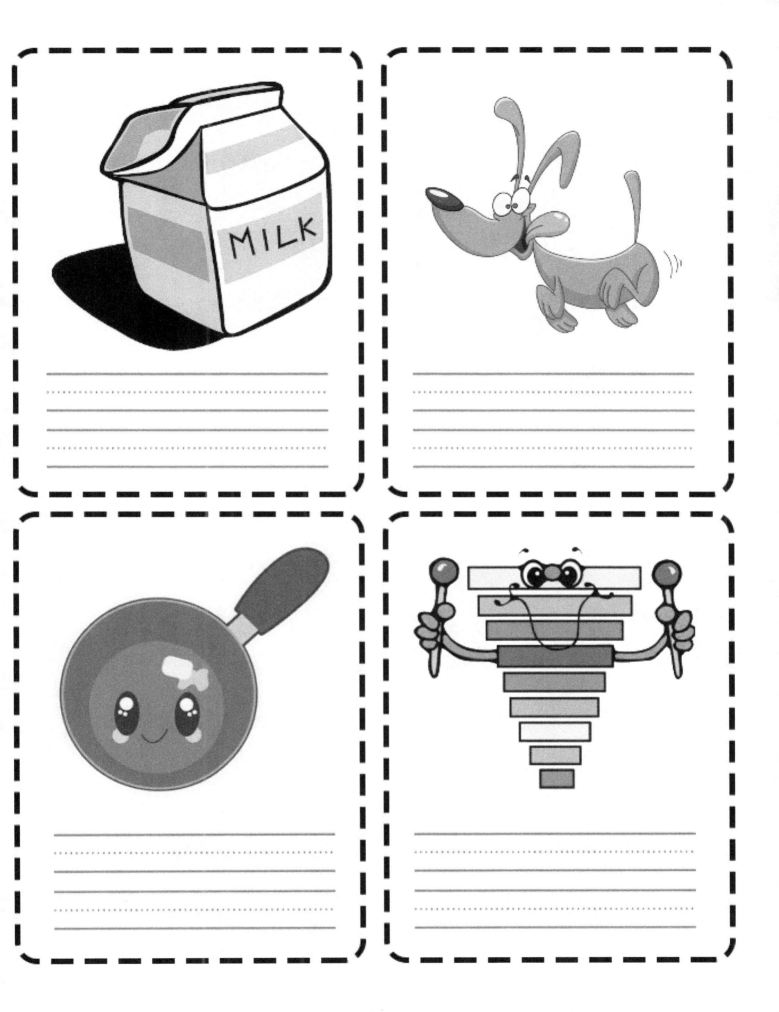

melk

दूध

rennen

रन

pan

कड़ाही

xylofoon

सिलाफ़न

fiets	kruik

साइकिल	सुराही

jam	ochtend-

जाम	सुबह

Aankleden

ड्रेसिंग

uil

उल्लू

klimmen

चढ़ना

voetbal

फुटबॉल

tandenborstel	**alligator**
टूथब्रश	मगर
spelen	**twee**
प्ले	दो

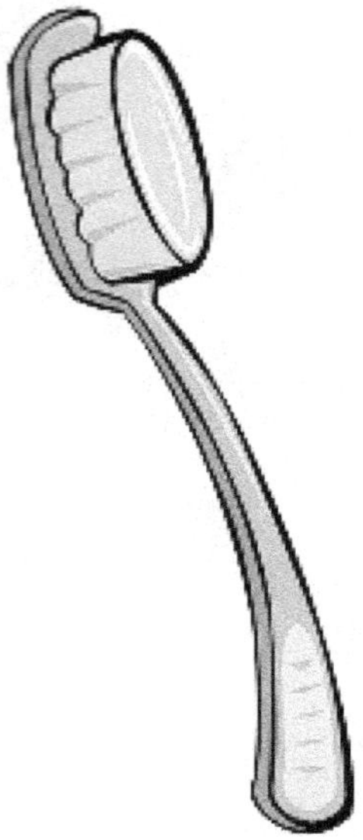

worm 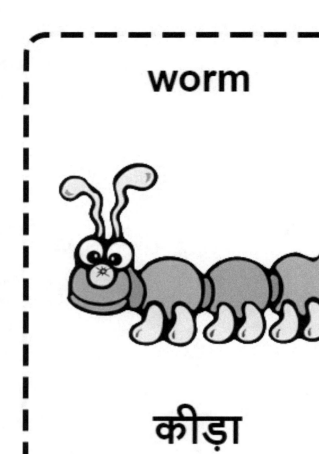 कीड़ा	kers- 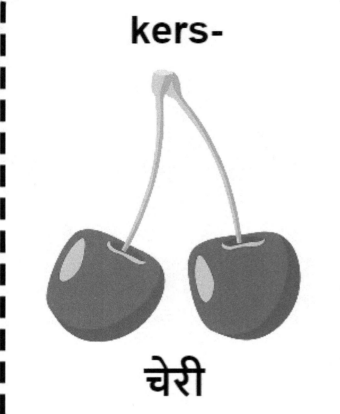 चेरी
giraffe  जिराफ़	wind  हवा

garen  धागा	jas  कोट
werkend  काम कर रहे	ring  अंगूठी

SCHOOL BUS

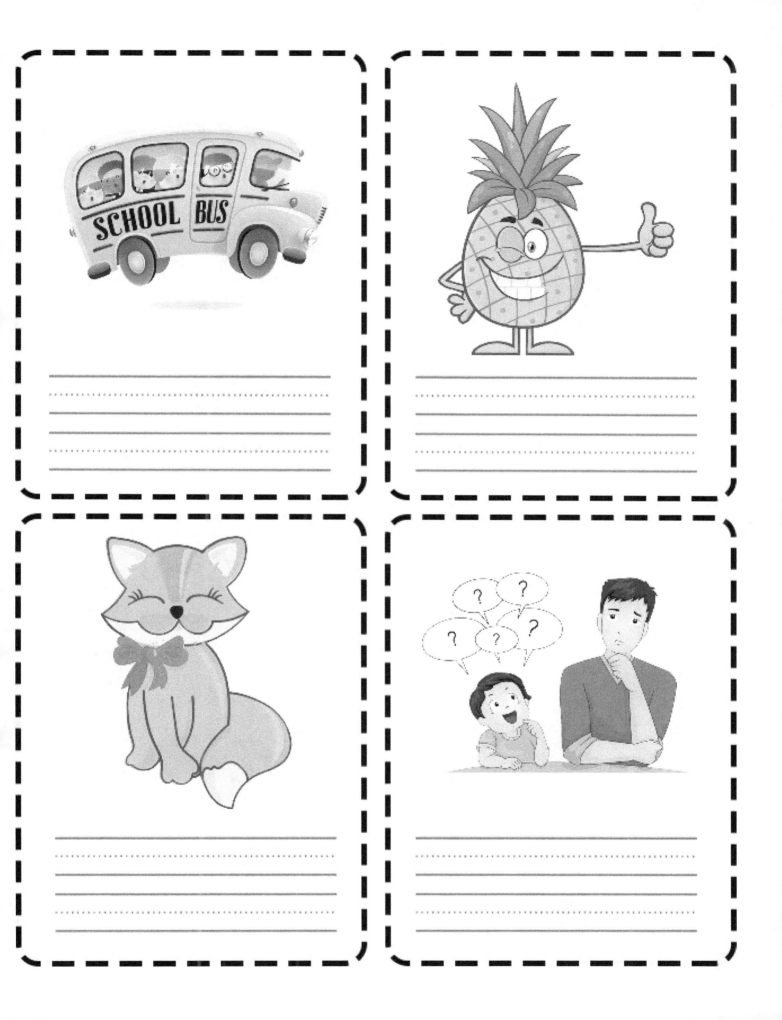

bus	ananas

बस	अनानास

kat	vraag

बिल्ली	सवाल

Bye.

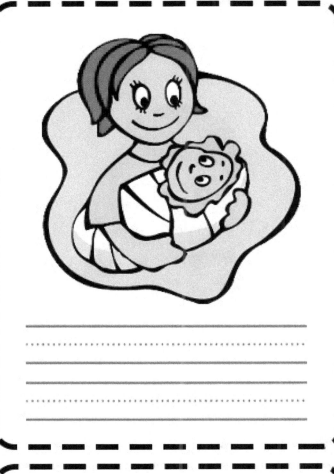

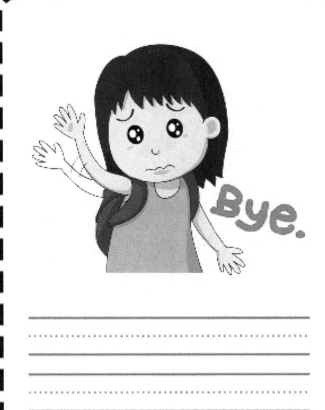

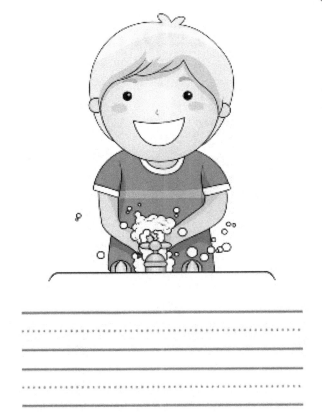

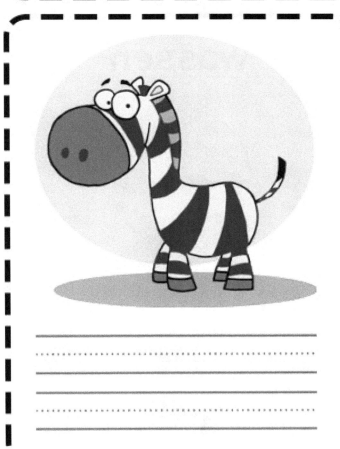

moeder

मां

verdrietig

उदास

wassen

धुलाई

zebra

ज़ेबरा

vliegtuig 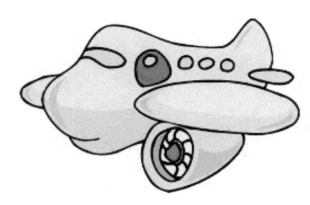 विमान	**douche**  शावर
acht  आठ	**wakker worden**  उठो

schrift

लिख रहे हैं

boer

किसान

groundhog

ग्राउंडहॉग

honingbij

मधुमक्खी

slaapkamer

शयनकक्ष

liefde

मोहब्बत

koning

राजा

geld

पैसे

eten

खाना खा लो

lezen

पढ़ना

trommel

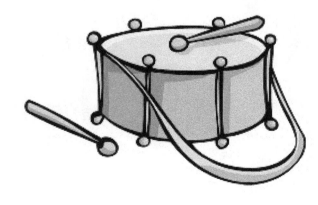

ढोल

olifant

हाथी

koningin

रानी

viool

वायोलिन

aarde

पृथ्वी

kip

मुर्गी

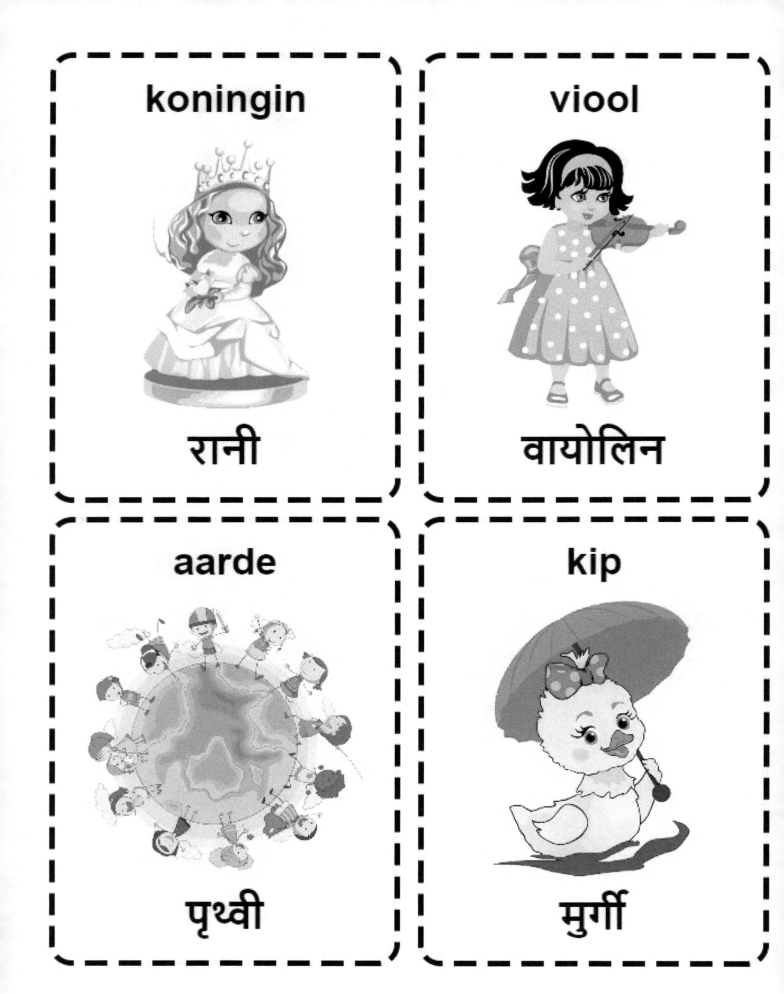

www.ingramcontent.com/pod-product-compliance
Lightning Source LLC
Chambersburg PA
CBHW081245290125
21066CB00009B/405
* 9 7 8 1 0 7 0 8 7 0 4 9 6 *